APRESENTAÇÃO

OS PINOS MÁGICOS SÃO UMA FERRAMENTA LÚDICA TRADICIONAL UTILIZADA DESDE OS ANOS 80. COM ESTES MATERIAIS É POSSÍVEL PRATICAR A LÓGICA, A IMAGINAÇÃO, A CRIATIVIDADE, A COORDENAÇÃO MOTORA FINA, A ORIENTAÇÃO ESPACIAL E A ATENÇÃO.

É UMA BELA OPÇÃO PARA O DESENVOLVIMENTO DAS CRIANÇAS, POIS AUXILIA NO APRENDIZADO DE MANEIRA LÚDICA. AS PEÇAS COLORIDAS TÊM DIFERENTES TAMANHOS E QUANTIDADES DE PINOS. A CRIANÇA PODE ENCAIXAR OS PINOS LIVREMENTE OU USAR AS PEÇAS PARA CRIAR DETERMINADAS FIGURAS, NÚMEROS E FORMAS, CONFORME ATIVIDADES PROPOSTAS AO LONGO DO LIVRO.

OS PINOS MÁGICOS, TÊM COMO UM DOS OBJETIVOS PRINCIPAIS, AJUDAR A CRIANÇA A DESENVOLVER AS HABILIDADES LÓGICO-MATEMÁTICA, CONTANDO, SEQUENCIANDO CORES E RELACIONANDO NÚMEROS A QUANTIDADES. TUDO ISSO DE FORMA INTERATIVA E MUITO CRIATIVA.

PREPARE-SE PARA COMEÇAR A DIVERSÃO NAS PÁGINAS A SEGUIR.

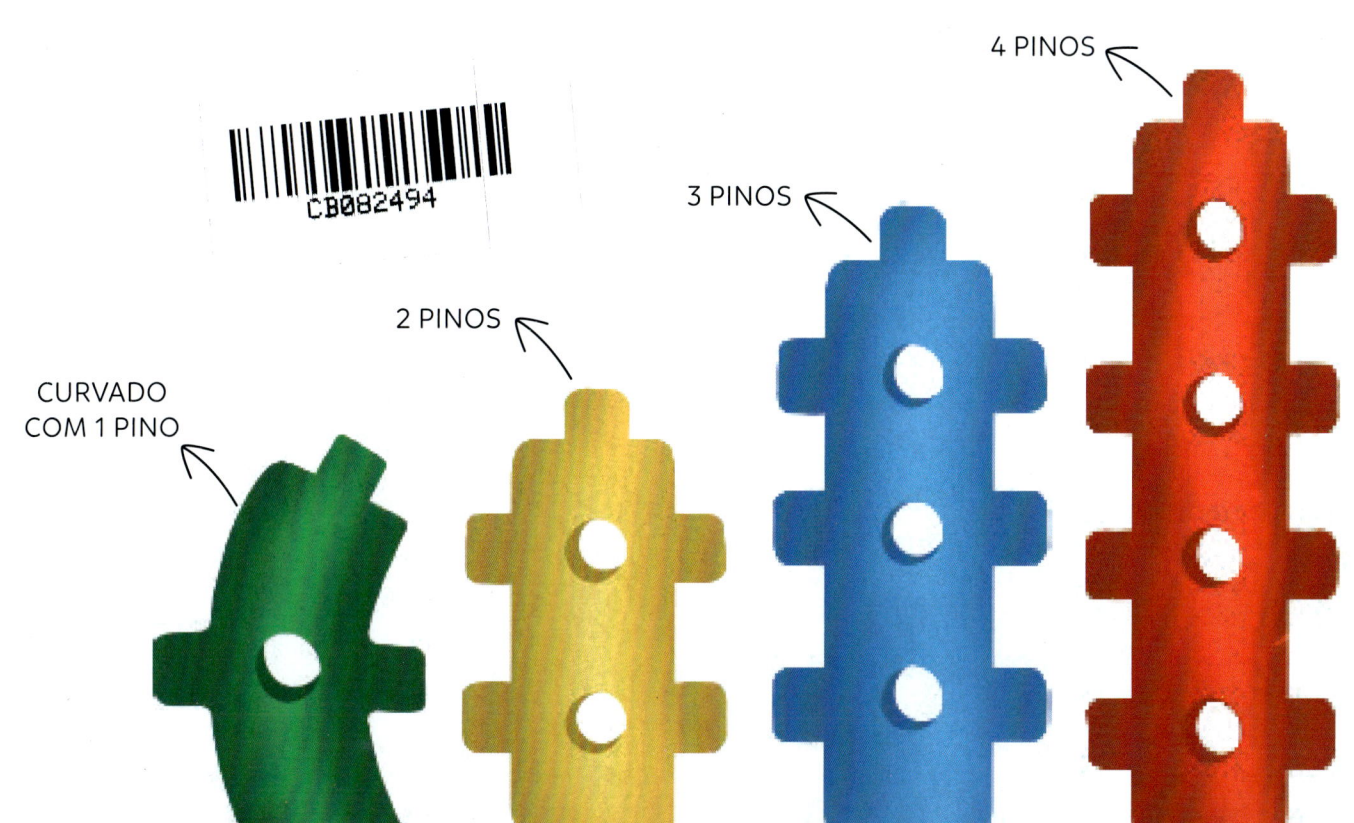

4 PINOS
3 PINOS
2 PINOS
CURVADO COM 1 PINO

COMPLETE AS PALAVRAS

VERIFIQUE AS CORES DOS PINOS QUE VOCÊ TEM. ALGUMAS LETRAS DO NOME DELAS ACABARAM SE PERDENDO, ESCREVA AS LETRAS QUE FALTAM.

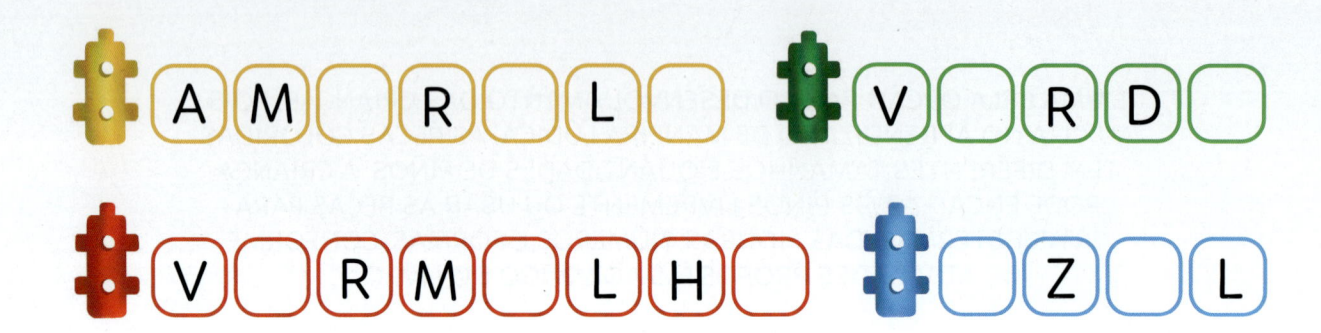

A M __ R __ L __   V __ R D __

V __ R M __ L H __   __ Z __ L

LIGANDO AS SOMBRAS

LIGUE CADA PEÇA COM SUA RESPECTIVA SOMBRA.

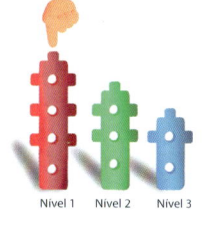

GRUPO DE CORES E QUANTIDADES

PEGUE TODAS AS SUAS PECINHAS DE PINOS MÁGICOS E AGRUPE-AS DIVIDINDO POR CORES E TAMANHOS. DEPOIS DESENHE A QUANTIDADE DE CADA GRUPO NAS CAIXAS COM O NOME DA PEÇA EM QUESTÃO E RESPONDA ÀS PERGUNTAS.

PEÇA CURVADA COM 1 PINO

QUANTIDADE DE CADA COR: _____
_____

PEÇA COM 2 PINOS

QUANTIDADE DE CADA COR: _____
_____

PEÇA COM 3 PINOS

QUANTIDADE DE CADA COR: _____
_____

PEÇA COM 4 PINOS

QUANTIDADE DE CADA COR: _____
_____

TOTAL DE PEÇAS:

FORMAS GEOMÉTRICAS

PINTE AS FORMAS GEOMÉTRICAS ABAIXO DA MESMA COR DE SEU CONTORNO. REPRODUZA-AS USANDO SEUS PINOS MÁGICOS. DEPOIS ESCREVA A QUANTIDADE DE PEÇAS QUE VOCÊ USOU PARA CADA UMA.

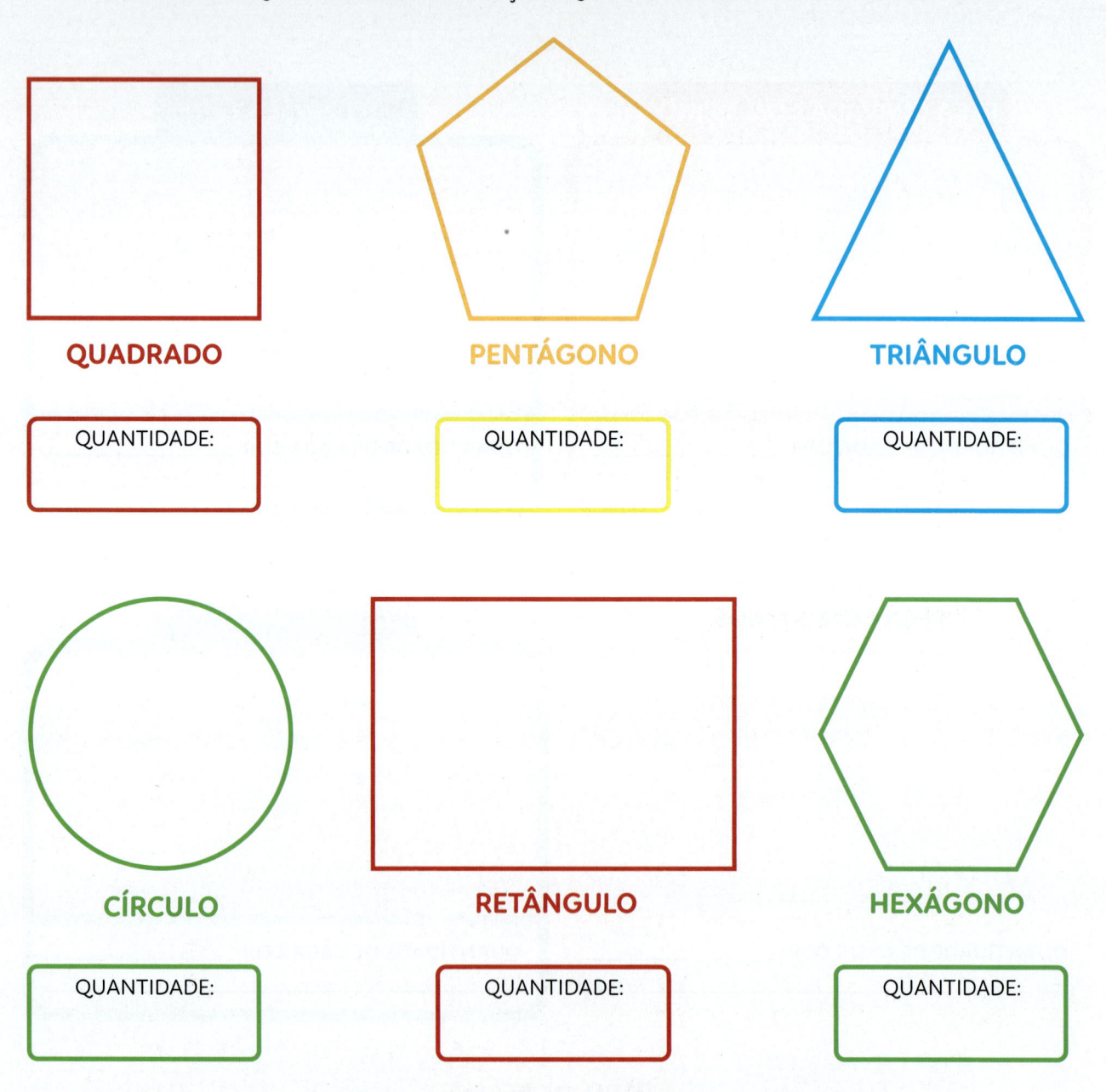

QUADRADO

QUANTIDADE:

PENTÁGONO

QUANTIDADE:

TRIÂNGULO

QUANTIDADE:

CÍRCULO

QUANTIDADE:

RETÂNGULO

QUANTIDADE:

HEXÁGONO

QUANTIDADE:

ALGUMAS FORMAS PODEM SER IMPOSSÍVEIS DE REPRODUZIR ENCAIXANDO AS PEÇAS, NESTES CASOS, APENAS MONTE-AS EM UMA SUPERFÍCIE PLANA SEM PRECISAR ENCAIXÁ-LAS.

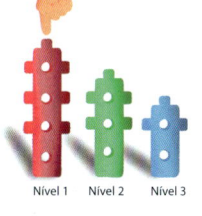

CONTANDO PINOS

AJUDE LEO A CONTAR QUANTAS PINOS HÁ EM CADA GRUPO E ESCREVA A QUANTIDADE NO ESPAÇO EM BRANCO.

1)
2)
3)
4)
5)
6)
7)

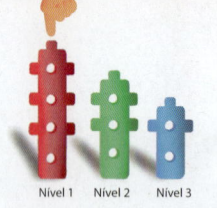

SEGUINDO PADRÕES

USE SEUS PINOS PARA REPRODUZIR AS MESMAS SEQUÊNCIAS ABAIXO EM UMA SUPERFÍCIE PLANA:

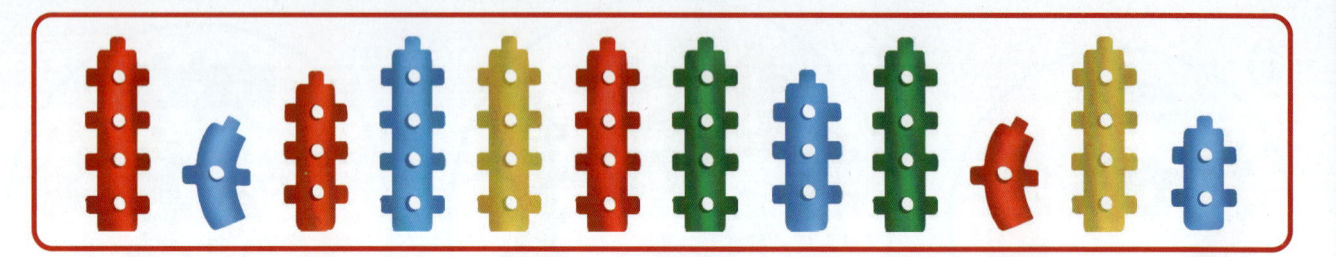

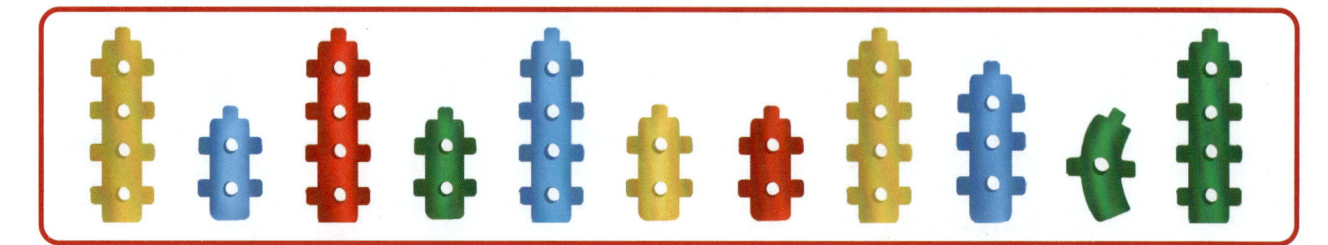

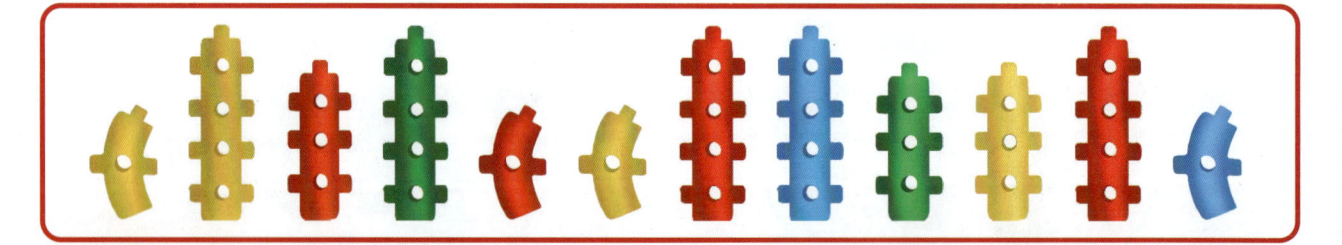

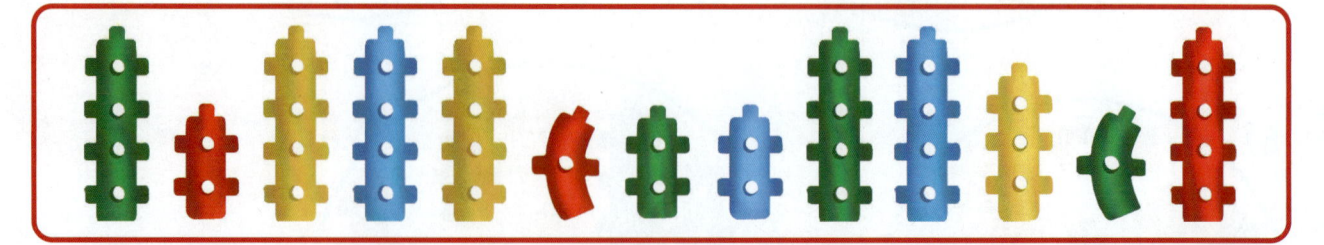

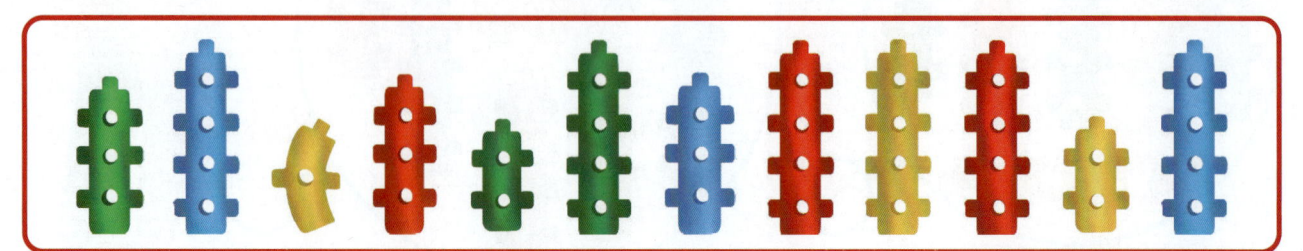

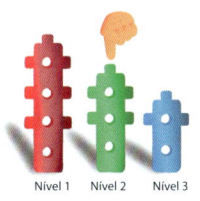

DESENHANDO PINOS MÁGICOS

TREINE SUAS HABILIDADES MOTORAS DESENHANDO OS PINOS MÁGICOS E PINTANDO-OS CONFORME O EXEMPLO DADO.

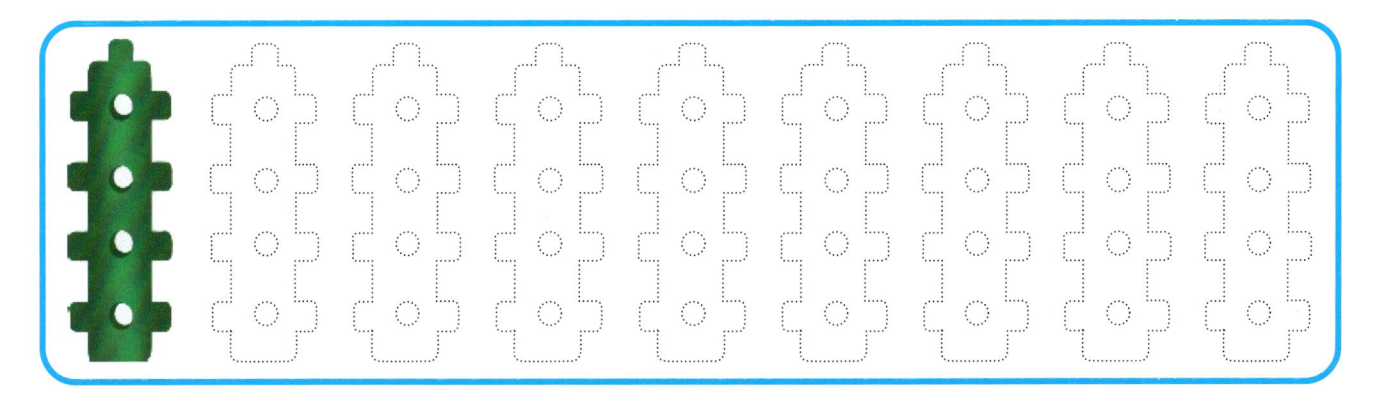

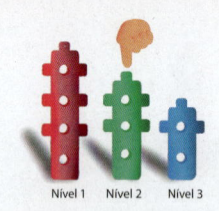

ESCREVENDO NÚMEROS

COMPLETE AS FILEIRAS ESCREVENDO O RESPECTIVO NÚMERO ATÉ O FINAL DE CADA LINHA.

1									

2									

3									

4									

5									

6									

7									

8									

MONTE OS MESMOS NÚMEROS USANDO SEUS PINOS MÁGICOS.

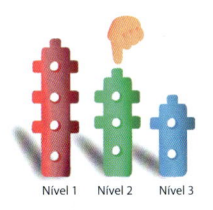

ESCREVENDO LETRAS

COMPLETE AS FILEIRAS ESCREVENDO CADA LETRA ATÉ O FINAL DE CADA LINHA.

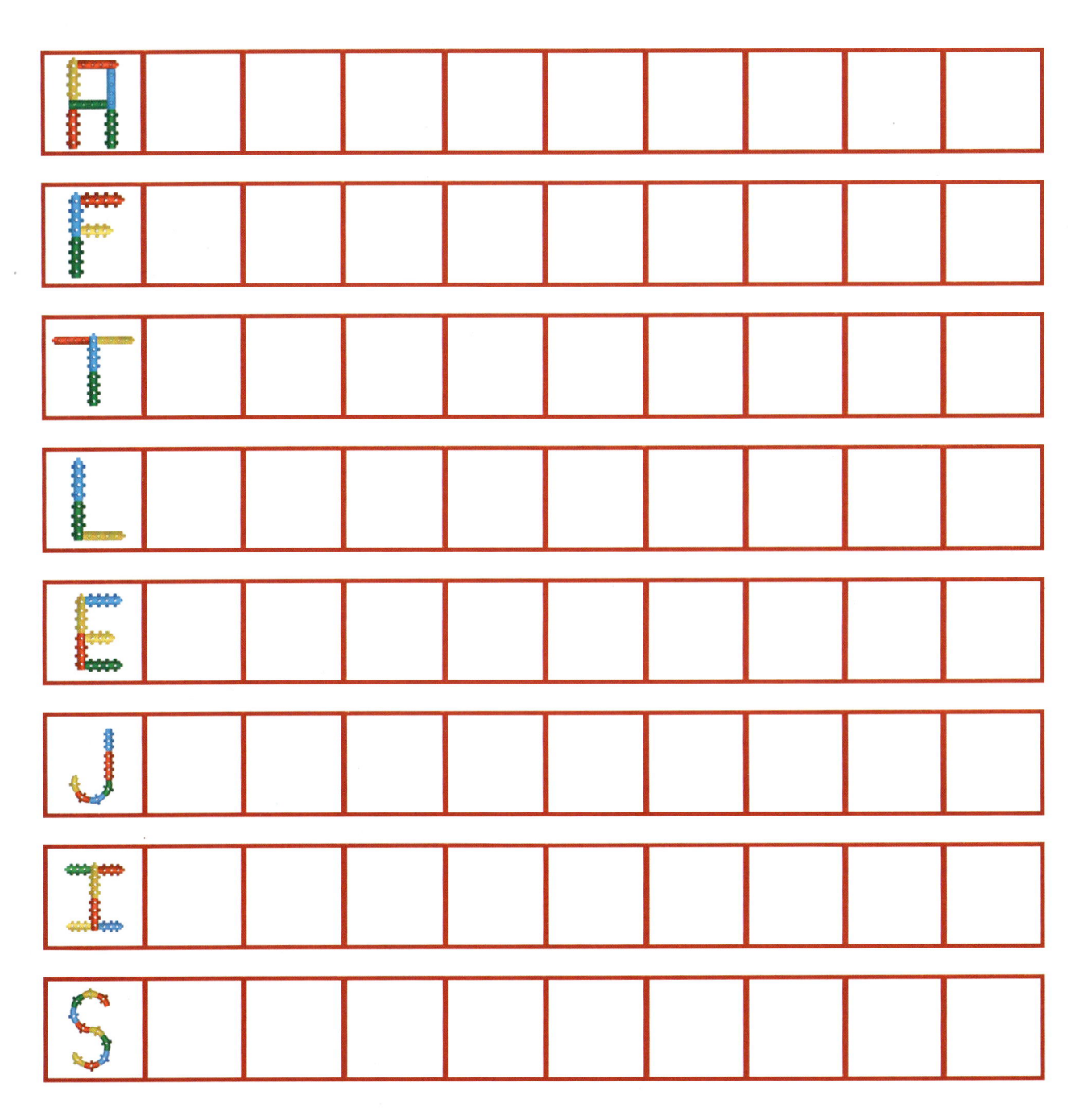

A									
F									
T									
L									
E									
J									
I									
S									

MONTE AS MESMAS LETRAS USANDO SEUS PINOS MÁGICOS.

QUANTIDADES DE PEÇAS

ANALISE O QUADRO ABAIXO E RESPONDA, NO ESPAÇO INDICADO, QUANTAS PEÇAS HÁ DE CADA.

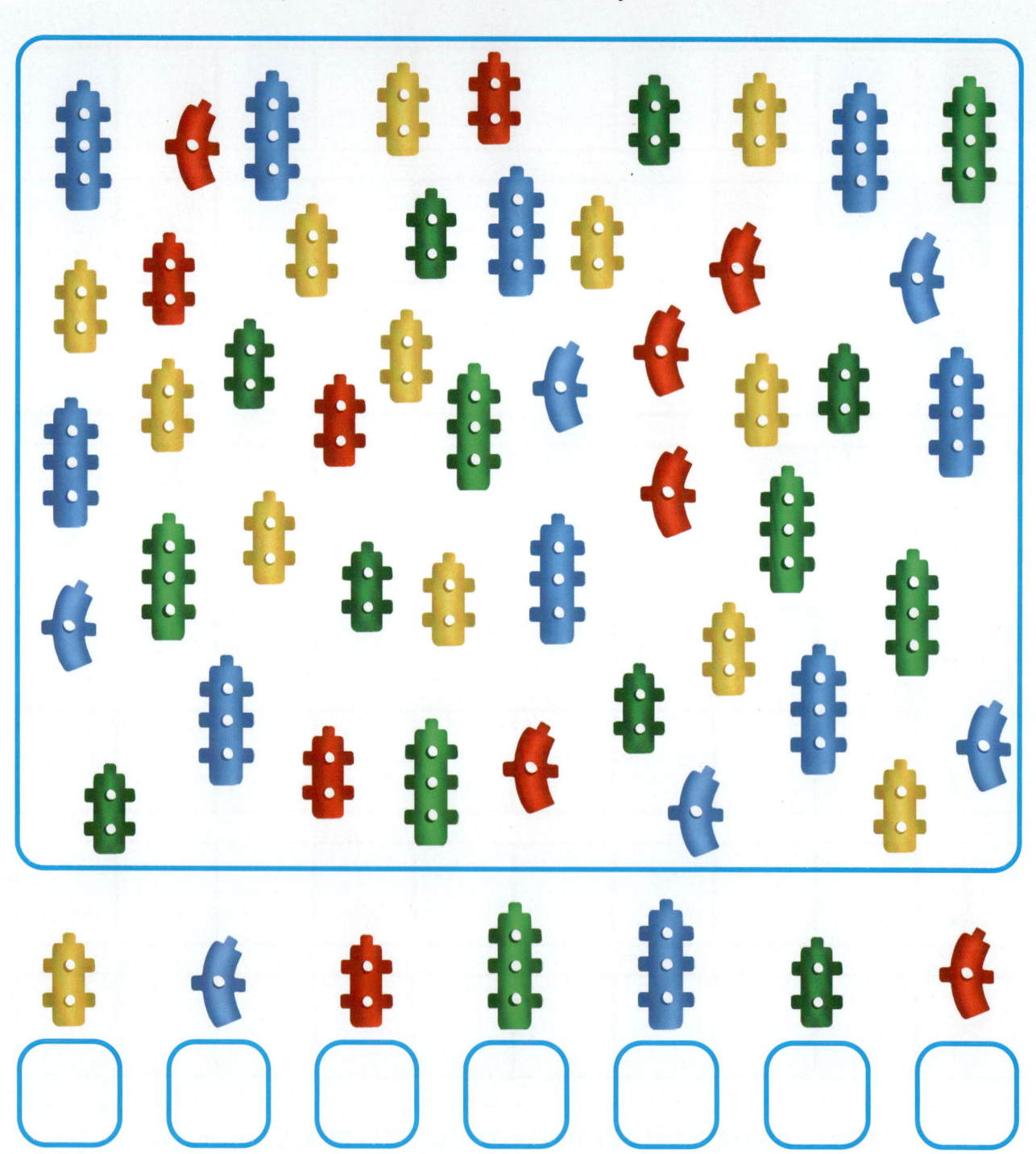

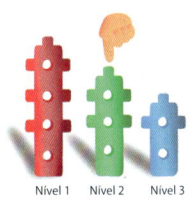

ENIGMA

RESOLVA O ENIGMA E DESCUBRA A FRASE ESCONDIDA.

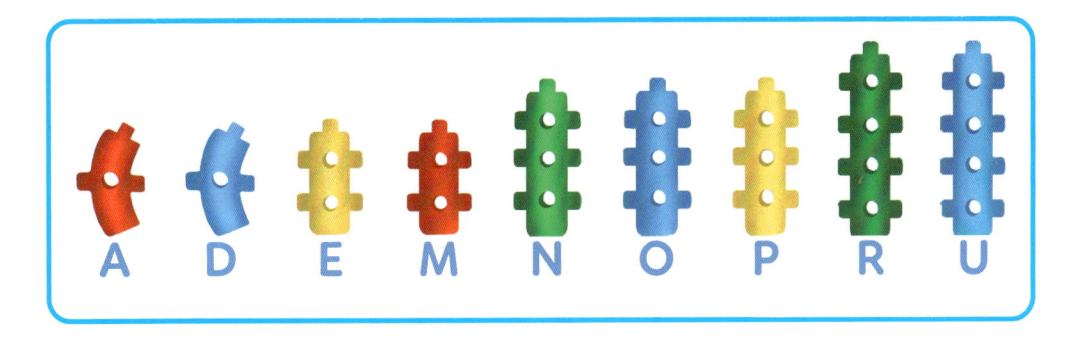

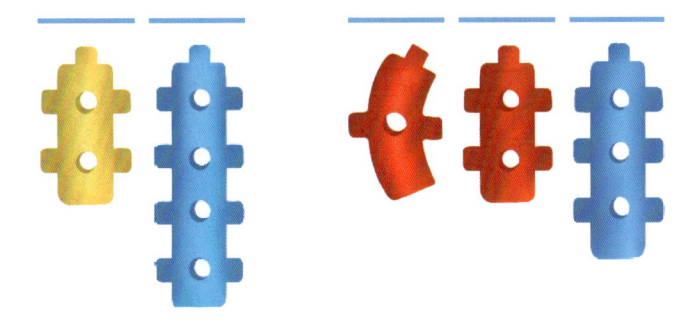

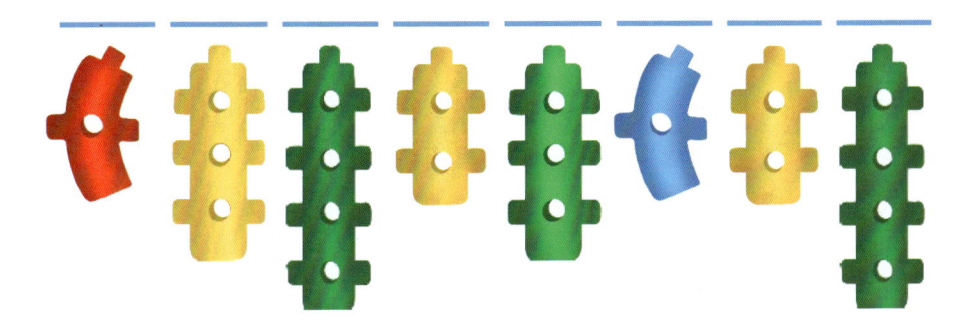

| A | D | E | M | N | O | P | R | U |

MONTE AS MESMAS LETRAS USANDO SEUS PINOS MÁGICOS.

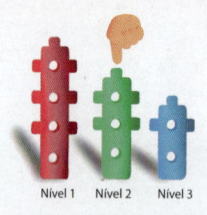

ADIÇÃO E SUBTRAÇÃO

RESOLVA OS CÁLCULOS ABAIXO. ATENTE-SE AO SINAL DE ADIÇÃO OU SUBTRAÇÃO.

1)
2)
3)
4)
5)
6)
7)
8)
9)

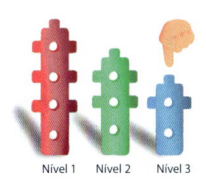

DIVISÃO E MULTIPLICAÇÃO

VAMOS PRATICAR UM POUCO DE MATEMÁTICA. RESOLVA AS CONTAS DE DIVISÃO E MULTIPLICAÇÃO COM A AJUDA DE SUA PROFESSORA.

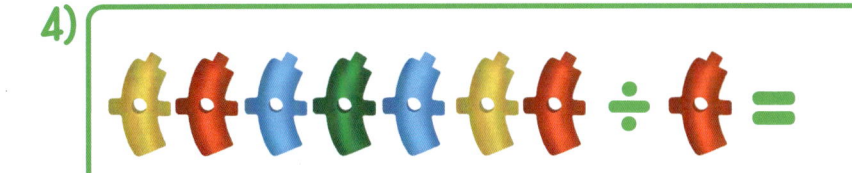

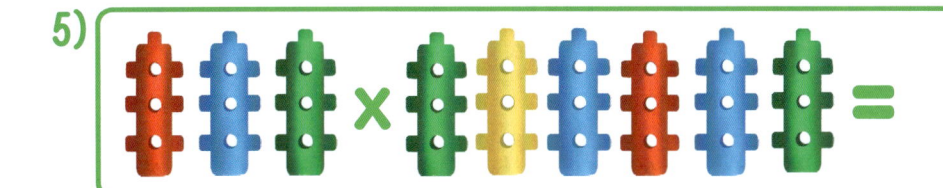

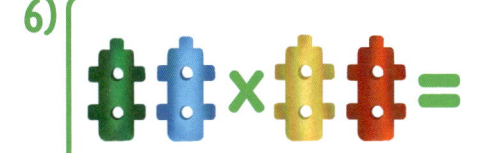

1) 5 ÷ 2 =

2) 3 ÷ 2 =

3) 8 ÷ 2 =

4) 7 ÷ 1 =

5) 3 × 4 =

6) 2 × 2 =

7) 3 × 2 =

8) 4 × 3 ÷ 2 =

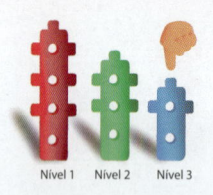

FRAÇÕES

ANALISE O EXEMPLO ABAIXO PARA RESPONDER QUAIS FRAÇÕES CADA GRUPO DE PINOS REPRESENTA.

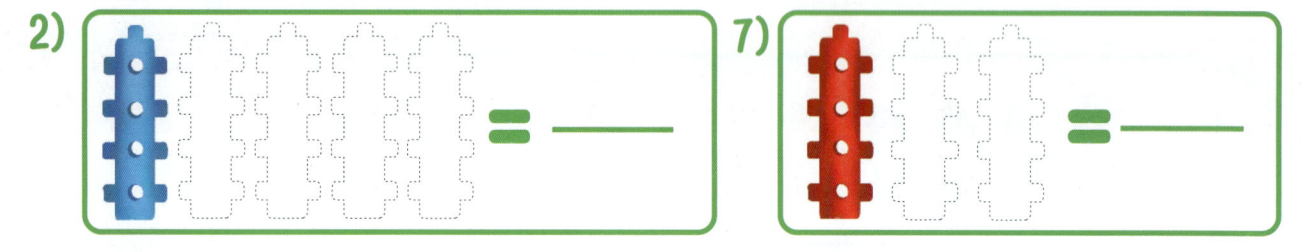

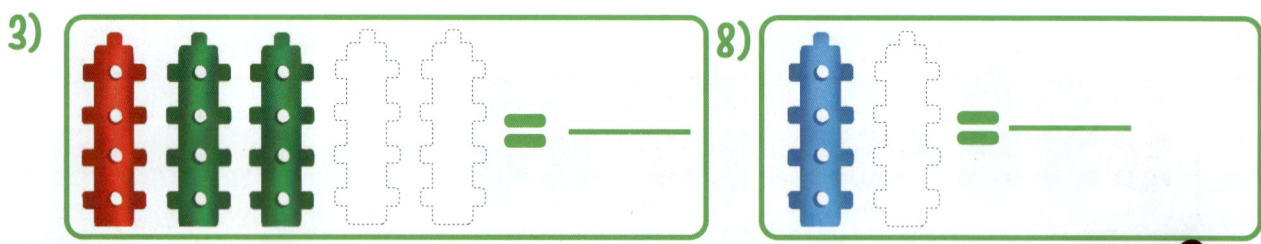

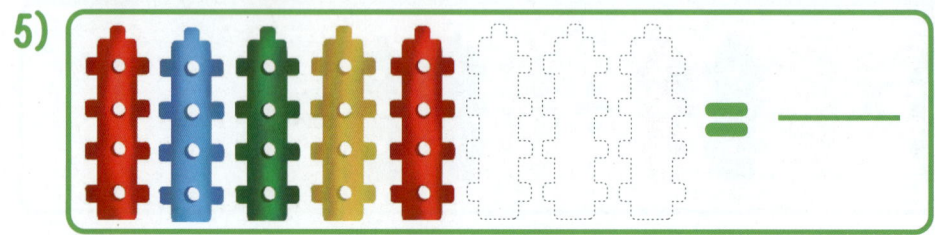

$= \dfrac{4}{5}$

1) $= \dfrac{}{}$

2) $= \dfrac{}{}$

3) $= \dfrac{}{}$

4) $= \dfrac{}{}$

5) $= \dfrac{}{}$

6) $= \dfrac{}{}$

7) $= \dfrac{}{}$

8) $= \dfrac{}{}$

ENIGMA NÚMERICO

USE A LEGENDA ABAIXO PARA DESCOBRIR QUE NÚMERO VALE CADA PINO E EM SEGUIDA RESOLVA OS CÁLCULOS.

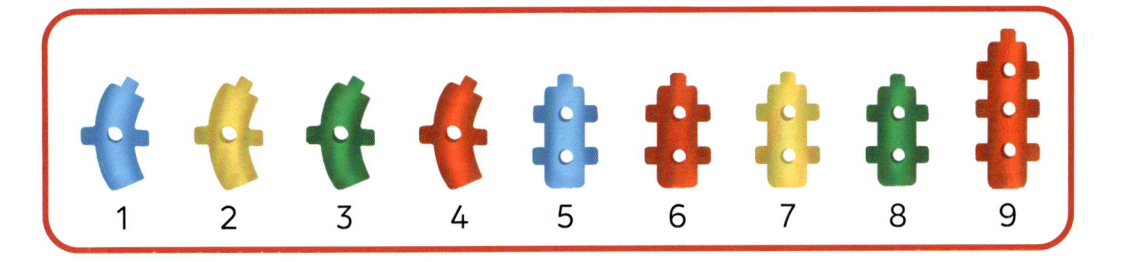

| 1 | 2 | 3 | 4 | 5 | 6 | 7 | 8 | 9 |

1) 2 + 4 + 2 =

2) 4 + 3 + 1 =

3) 3 + 4 - 1 =

4) 1 + 5 + 5 =

5) 4 - 3 - 2 =

6) 6 + 6 - 8 =

7) 8 + 5 + 2 =

8) 8 - 4 + 1 =

9) 6 - 7 + 8 =

10) 8 + 5 + 9 =

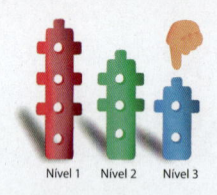

CAÇA-PALAVRAS

ENCONTRE AS PALAVRAS ABAIXO NESTE DIVERTIDO CAÇA-PALAVRAS.

AMARELO
AZUL
VERDE
VERMELHO

UM
DOIS
TRÊS
QUATRO

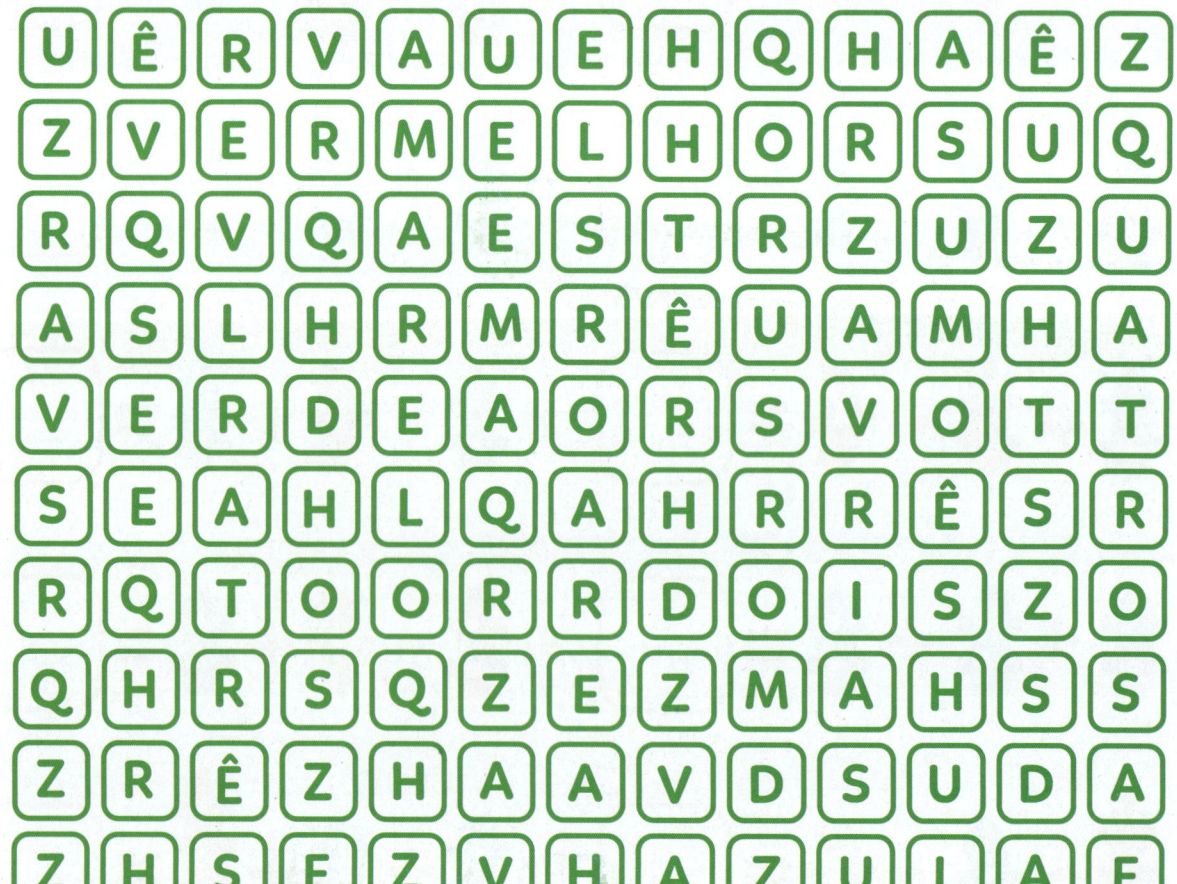

U	Ê	R	V	A	U	E	H	Q	H	A	Ê	Z
Z	V	E	R	M	E	L	H	O	R	S	U	Q
R	Q	V	Q	A	E	S	T	R	Z	U	Z	U
A	S	L	H	R	M	R	Ê	U	A	M	H	A
V	E	R	D	E	A	O	R	S	V	O	T	T
S	E	A	H	L	Q	A	H	R	R	Ê	S	R
R	Q	T	O	O	R	R	D	O	I	S	Z	O
Q	H	R	S	Q	Z	E	Z	M	A	H	S	S
Z	R	Ê	Z	H	A	A	V	D	S	U	D	A
Z	H	S	E	Z	V	H	A	Z	U	L	A	E